(Conserve la couverture)

DÉPOT LÉGAL
N° 129
1889

AF240119

FACULTÉ DE DROIT DE NANCY

DÉLIBÉRATION

SUR UN

PROJET D'ORGANISATION DE LA LICENCE EN DROIT

SOUMIS A L'EXAMEN DES FACULTÉS

Par M. le Ministre de l'Instruction publique.

NANCY

IMPRIMERIE NANCÉIENNE, 15, RUE DE LA PÉPINIÈRE

1889

DÉLIBÉRATION

SUR UN

PROJET D'ORGANISATION DE LA LICENCE EN DROIT

SOUMIS A L'EXAMEN DES FACULTÉS

Par M. le Ministre de l'Instruction publique.

Par sa circulaire du 12 janvier 1889, Monsieur le Ministre de l'Instruction publique a soumis à l'examen des Facultés de droit un projet d'organisation de la licence en droit élaboré, à sa demande, par la Faculté de Paris.

L'assemblée de la Faculté de droit de Nancy a confié à une commission composée de MM. Lederlin, doyen; A. Lombard, Liégeois, Binet, professeurs, et Bourcart, agrégé, le soin d'étudier la question et de lui présenter un rapport à ce sujet. Après un examen sérieux et approfondi, appréciant en toute liberté et sans aucun parti pris la réforme en projet, la Commission, par l'organe de son rapporteur, M. Binet, a proposé à l'Assemblée de la Faculté :

1° D'accepter le principe même de la réforme, qui consisterait dans l'introduction ou l'extension, dans les programmes de la licence en droit, de diverses branches des sciences politiques, économiques ou administratives ;

2° De ne pas accueillir toutefois le plan d'études tracé par la circulaire ministérielle, à raison des inconvénients graves que présenterait la bifurcation imposée aux étudiants dès leur seconde année d'études;

3° De demander, au lieu de ce plan d'études, un régime qui lui paraît de nature à en éviter les inconvénients, tout en répondant au désir émis par Monsieur le Ministre de combler les lacunes signalées par sa circulaire; régime qui consisterait à adopter, pour tous les étudiants sans distinction, un même plan d'études, conduisant à un diplôme unique de licencié, à la suite des mêmes épreuves, tant sur les enseignements fondamentaux que sur les sciences politiques et administratives.

Après une longue discussion, l'Assemblée de la Faculté a adopté ces conclusions à la presque unanimité. Elle les soumet à Monsieur le Ministre, tout en déclarant que si, contre son attente, le projet ministériel devait prévaloir, elle serait en mesure d'appliquer avec ses ressources en personnel l'organisation qui lui serait imposée ; plusieurs de ses enseignements de doctorat pourraient, en effet, être rendus accessibles aux aspirants à la licence ; il serait pourvu à ceux qu'elle ne possède pas, par les soins de professeurs déjà chargés d'un cours annuel, et qui consentiraient à faire, en outre, moyennant une juste indemnité, un cours semestriel sur d'autres matières. L'adjonction d'un agrégé nouveau serait toutefois désirable pour assurer les suppléances éventuelles et concourir au service des conférences.

La délibération ci-après résume les observations échangées au cours de la discussion et expose les objections qu'a soulevées le projet ministériel, et les motifs qui militent en faveur des conclusions de la Faculté.

La Faculté est heureuse de constater, dans la circulaire du 12 janvier 1889, l'intention nettement manifestée par Monsieur le Ministre de ne pas limiter à la Faculté de Paris le bénéfice de la réforme. Toutes les Facultés, sans exception, doivent en effet profiter des nouveaux enseignements à créer ; s'ils devaient être le privilège de certaines d'entre elles, il y aurait indubitablement, pour les autres, une véritable déchéance, qui, aux yeux du public, les ferait descendre en quelque sorte au rang d'écoles secondaires et aurait pour effet de leur enlever, par suite, une partie notable de leur clientèle, et d'augmenter encore le nombre déjà excessif des étudiants attirés par des motifs divers à Paris.

Cette considération faisait même regretter à la Faculté de Nancy que l'enquête sur les réformes à apporter dans les programmes de la licence en droit n'eût pas été provoquée simultanément dans toutes les Facultés de France ; n'avait-elle pas juste sujet de craindre qu'un préjugé considérable n'existât naturellement en faveur du projet sorti des délibérations de la Faculté de Paris ? Celle-ci jouit, grâce au personnel nombreux de professeurs et d'agrégés que nécessitent le dédoublement actuel de ses cours et le service de ses examens, des ressources qu'on ne trouve pas dans les cadres plus restreints des Facultés des départements ; elle eût pu, sans s'en rendre compte, proposer des innovations facilement praticables chez elle, mais impossibles à réaliser en province. Les appréhensions de la Faculté de Nancy se sont toutefois dissipées à la lecture du remarquable rapport de M. Bufnoir. Si la Faculté de Paris estime qu'il y a lieu d'introduire dans les programmes des Facultés de droit de nouveaux enseignements, elle semble ne proposer qu'à regret l'organisation dont la circulaire ministérielle retrace le tableau ; elle maintient nettement toutes ses préférences pour la création d'une quatrième année d'études offerte aux licenciés en droit, en vue de les conduire au grade de licencié ès sciences politiques et administratives. Elle ne dissimule pas que le système auquel elle se rallie, pour ainsi dire malgré elle, aurait entre autres inconvénients celui de ne pouvoir être appliqué partout, et d'être encore une cause de désertion des Facultés des départements ; or le rapport ajoute même, avec une loyauté à laquelle la Faculté de Nancy se plaît à rendre hommage, que ce seul point de vue serait de nature à faire pencher la balance en faveur de l'organisation proposée autrefois par la Faculté de Paris, organisation qui joindrait à ses autres avantages celui de pouvoir s'accommoder immédiatement des ressources de toutes les Facultés sans exception. La Faculté de Nancy constate avec plaisir qu'elle se trouve ainsi en communauté d'idées avec la Faculté de Paris au point de vue de la nécessité d'appliquer à toutes les Facultés un régime uniforme. Elle veut, dès lors, espérer que l'enquête actuelle sera le point de départ d'une nouvelle étude qui aboutira à développer dans toutes nos Écoles de droit l'enseignement des diverses branches du droit public et des sciences financières.

La première question que la Faculté a cru devoir examiner a été naturellement la question de principe : y a-t-il lieu d'admettre dans les études de licence l'extension de l'enseignement du droit public et des sciences politiques et administratives ? — La Faculté n'a pas hésité à répondre affirmativement.

Déjà, dans l'enquête de 1878, elle avait demandé l'institution d'un doctorat ès sciences politiques et administratives, parallèle à celui qui existe aujourd'hui, doctorat créé particulièrement au profit des jeunes gens qui se destinent aux carrières administratives, financières, politiques ou diplomatiques. Ce nouveau diplôme n'aurait pu être recherché que par les licenciés, c'est-à-dire après trois années de ces études générales de droit qui sont considérées, avec raison, comme formant les éléments nécessaires de toute bonne éducation juridique. A ce point de vue, les propositions de la Faculté de Nancy concordaient, sauf la dénomination du nouveau grade, avec celles de la Faculté de Paris qui tendaient à l'institution d'une licence ès sciences administratives devant se superposer à la licence en droit ; ce qui choque un peu nos habitudes d'ordre et de symétrie, comme la circulaire le fait observer.

Mais aujourd'hui, la Faculté n'étant consultée que sur l'organisation de la licence en droit, sur les développements que ses programmes doivent recevoir, elle croit devoir se contenter de répondre à la question qui lui est posée.

La circulaire, tout en constatant que les études de droit, telles qu'elles sont organisées aujourd'hui, excellent à former l'esprit juridique, à inculquer les méthodes dont il se sert, leur reproche d'être incomplètes sur plus d'un point, surtout en ce qui concerne les matières économiques (législation et science financières, législation industrielle), et les diverses branches du droit public (droit constitutionnel, droit des gens, droit administratif, etc.). Il y aurait là une véritable lacune, beaucoup de licenciés en droit ne devant pas devenir avocats ou juges, mais se destinant aux fonctions administratives ou politiques, aux carrières commerciales ou industrielles. « Or, la licence en droit, l'économie « politique exceptée, semble, dit la circulaire, avoir été considérée « surtout comme une préparation professionnelle au barreau et à la « magistrature. » Il y a, dans cette dernière assertion, quelque chose d'excessif : les Facultés de droit ne se sont jamais considérées comme

de simples écoles professionnelles ; elles ont toujours aspiré à donner
au point de vue juridique une culture générale indispensable aussi
bien aux futurs administrateurs qu'aux futurs magistrats ; si elles n'ont
pas la prétention de tout enseigner en matière de droit, elles espèrent
ne laisser ignorer aucun des principes fondamentaux de cette science ;
elles tentent, enfin, d'inculquer dans les esprits ces méthodes judi-
cieuses que tous, quelles que soient leurs fonctions, devront appliquer
dans l'interprétation de la loi. En fait, du reste, des Facultés de droit
sont sortis non seulement des avocats et des magistrats distingués,
mais des administrateurs, des hommes politiques, éclairés et instruits,
qui ne semblent pas avoir souffert du caractère trop spécial des enseignements qu'ils y ont puisés.

Est-ce à dire cependant qu'il n'y ait aucun perfectionnement à
apporter dans nos Facultés de droit ? Tel n'est pas l'avis de la Faculté ;
sans doute, bien des progrès ont déjà été réalisés depuis la restauration
des Écoles de droit, en l'an XII ; le nombre des enseignements s'est singulièrement développé ; il serait injuste de le méconnaître. Aux sciences juridiques proprement dites, qui n'étaient pas toutes représentées
en 1804 dans les programmes, mais qui, depuis, ont reçu de notables
accroissements, sont venues s'ajouter les sciences économiques. La
circulaire reproche à ces créations successives de ne relever d'aucune
conception d'ensemble, de ne pas former un tout homogène ; sans
s'associer complètement à cette critique, la Faculté de Nancy convient
sans peine qu'il peut y avoir, dans l'enseignement actuel, des lacunes
au point de vue des connaissances positives à acquérir. Il lui paraît
regrettable que l'étude si vaste du droit administratif soit resserrée dans
les limites étroites d'une seule année ; que le droit public ne fasse l'objet que d'un petit nombre de leçons dérobées à ce premier cours auquel
il confine ; il lui paraît désirable d'introduire dans les programmes de
la licence des cours de droit constitutionnel, de droit des gens, de
législation et de science financières, de législation industrielle. Mais,
suivant elle, la question délicate est surtout la question d'organisation
du nouveau régime.

Ce n'est pas seulement en France qu'on a adressé aux Facultés de droit la critique dont la circulaire du 12 janvier se fait l'écho. Chez nos voisins, en Italie, on a également pensé que l'enseignement des Écoles de droit était trop strictement juridique ; qu'une place plus large devait être faite aux sciences politiques, économiques et administratives. Là aussi, le Ministre de l'Instruction publique estima qu'il y avait lieu d'ouvrir une enquête sur les réformes à apporter dans l'enseignement du droit. En décembre 1888, il réunit à Rome une commission composée de représentants des Facultés de droit de l'État, de conseillers d'État, de magistrats. Si les informations des journaux italiens sont exactes, il fut proposé au sein de la commission d'établir deux sections dans les Facultés de droit : section juridique, section politique et économique, devant conduire à des grades distincts. L'assemblée, tout en admettant qu'il y avait lieu de faire quelques réformes pour répondre aux besoins nouveaux, s'arrêta, en définitive, aux idées suivantes :

1° L'unité et l'intégrité des Facultés de droit doivent être conservées par le maintien de l'unité de diplôme.

2° Le nombre des matières dont la connaissance peut être exigée pour l'obtention du diplôme doit être réduit autant que possible, la trop grande multiplicité des enseignements nuisant à la profondeur des études.

3° Il y a lieu d'instituer dans les universités de l'État un certain nombre de cours nouveaux portant sur les sciences politiques, administratives et économiques. Les étudiants qui les auront suivis pourront obtenir un certificat dont il sera tenu compte *(per valere)* pour l'entrée dans les carrières politiques, administratives, etc.

La Faculté de Nancy estime que ces propositions sont, pour la plupart, fort sages ; si elle ne les adopte pas toutes, du moins elle n'hésite pas à se prononcer, comme la commission italienne, pour le principe de l'unité de diplôme et de l'unité d'études qui en est le corollaire.

Mais comment concilier ce principe avec la nécessité reconnue d'introduire de nouveaux enseignements, sans surcharger outre mesure les examens et sans s'exposer à faire perdre aux études en profondeur ce qu'elles gagneraient dans l'étendue de leur champ d'action ? Un moyen bien simple en apparence existe, c'est d'exiger des aspirants à la licence en droit quatre années d'études. Il serait facile dans ces conditions de combler les lacunes et de faire profiter tous les aspirants à la licence du bénéfice des nouveaux enseignements.

Mais si la Faculté pense que là serait la meilleure solution, elle reconnaît qu'il y a lieu de s'incliner devant les nécessités du service militaire qui, même dans l'état actuel, apporte déjà un certain trouble dans les études d'enseignement supérieur ; elle ne veut pas prévoir l'hypothèse où tous les jeunes gens seraient indistinctement maintenus sous les drapeaux en temps de paix pendant trois années ; elle attend sur ce point du Gouvernement et du Sénat l'énergique et inflexible défense des intérêts intellectuels de la France ; si elle devait être trompée dans son espérance, ce serait peine perdue de chercher à fortifier l'enseignement supérieur, après l'avoir frappé d'un coup qui le vouerait à une irrémédiable décadence. La Faculté accepte donc par nécessité le maintien de la scolarité à trois années.

Les grandes lignes du projet soumis aux délibérations de la Faculté peuvent, d'après la circulaire, se résumer ainsi : « Maintien de l'unité « du grade ; maintien, dans les trois années, des matières fondamen « tales de l'instruction juridique, obligatoires pour tous ; distribution « entre la 2ᵉ et la 3ᵉ année de quelques-unes des anciennes matières « allégées et réduites et des matières nouvelles, au choix des étu « diants ; en un mot, groupement autour d'un noyau commun et irré « ductible, de matières diverses entre lesquelles les élèves pourraient « opter, suivant leurs aptitudes, leurs goûts ou les besoins de leur « carrière ».

Des critiques sérieuses ont été soulevées contre ce projet et n'ont pas permis à la Faculté d'approuver l'organisation proposée.

Et d'abord, dans le système de la circulaire, l'unité de diplôme n'est qu'apparente. Un même diplôme ne peut être conféré qu'à ceux qui justifient de connaissances de même nature ; si l'on peut comprendre à la rigueur quelque variété dans les épreuves, encore faut-il que les candidats aient un fond commun d'instruction assez important, ce qui ne se rencontre pas dans le projet, où, en 2ᵉ et 3ᵉ années, le fond commun ne se compose que de la moitié des épreuves. En réalité, le projet établit sous la même dénomination deux diplômes bien différents, sinon par la valeur, du moins par la nature des connaissances acquises. Et cependant, celui qui l'aura obtenu aura l'accès des carrières les plus diverses ; il arrivera qu'un licencié du groupe administratif pourra finalement embrasser une profession judiciaire ; qu'à l'inverse, un licencié du groupe judiciaire deviendra un administrateur, un diplomate ou un membre des juridictions administratives. La Faculté de Paris l'a compris ; elle propose de porter sur le diplôme, à titre de renseignement, une mention indiquant la direction spéciale des études dont il formerait la constatation, mais, fidèle à son principe, elle prend soin d'ajouter que cette sorte de recommandation officieuse laisserait, en tout cas, au diplôme une égale valeur officielle. Il n'y aurait là, dès lors, qu'un palliatif insuffisant, qui ne ferait même que rendre plus saillante l'inexactitude du prétendu principe de l'unité de diplôme.

La Faculté de Nancy reproche encore au projet d'établir pour les étudiants en droit une véritable bifurcation obligatoire dès la 2e année. Il faudra donc qu'à dix-huit ou vingt ans un jeune homme ait pris un parti définitif sur la carrière qu'il veut embrasser ; après une année de droit, à peine sorti des humanités, l'élève devra se demander s'il se sent plus porté vers les carrières administratives, politiques, diplomatiques, ou vers les carrières judiciaires, obligé qu'il sera d'opter entre deux groupes d'études bien distinctes. Or, l'expérience démontre que, pour la grande généralité des jeunes gens de cet âge, il est impossible, en tout cas prématuré, de prendre un parti définitif et immuable. Que de critiques n'a pas soulevées jadis le système de la bifurcation dans les établissements d'enseignement secondaire ! Pourquoi transporter les mêmes inconvénients dans les Facultés de droit ? A l'École de droit, il faut au contraire donner au jeune homme un ensemble de connaissances générales qui lui permettent de rendre possible l'évolution qu'il jugera un jour nécessaire pour le choix d'une carrière ; il faut qu'il en sorte non pas enchaîné à une destinée irrémédiablement fixée, mais au contraire apte à prendre, suivant ses goûts mûris par l'âge, ou suivant les circonstances, les voies diverses où conduit l'éducation juridique. La Faculté repousse, en conséquence, cette bifurcation imposée, cette spécialisation prématurée.

Est-il nécessaire d'ajouter encore d'autres considérations ? En voici
une qui, pour n'avoir pas une portée aussi générale, mérite, suivant la
Faculté, une sérieuse attention. Il ne faut pas oublier que nos meilleurs
licenciés ont la légitime ambition de devenir docteurs en droit ; l'accès
à un grade supérieur doit être ouvert à tous ceux qui se sentent l'apti-
tude nécessaire ; comment les deux ordres de licence pourraient-ils
être couronnés par un doctorat unique, où figure comme première
épreuve un examen fort sérieux de droit romain ? Des licenciés (groupe
administratif) n'auront fait qu'une seule année de droit romain dès le
début de leurs études ; ils connaîtront à peine les grandes lignes, les
principes généraux de cette législation, et ils devront subir, pour arriver au doctorat, un examen qui en suppose la connaissance approfondie :
c'est les condamner, pour la plupart, à renoncer au grade de docteur.
En résumé, si le projet en discussion était adopté, il faudrait évidem-
ment créer un doctorat distinct auquel pourraient prétendre les licenciés
du groupe administratif.

Toutes ces raisons ont décidé la Faculté à se prononcer en faveur
d'une organisation un peu différente de celle qui lui était proposée.
Le projet qui a ses préférences lui permettrait cependant d'entrer lar-
gement dans les vues de Monsieur le Ministre en développant, dans les
Facultés, l'enseignement des sciences politiques, administratives et
économiques, en y introduisant tous ou presque tous les cours nouveaux dont la circulaire donne la nomenclature ; mais il aurait incon-
testablement le mérite de maintenir, dans la réalité, l'unité de diplôme
et l'unité d'études, en proscrivant toute espèce de bifurcation. Ce
système repose en somme sur les bases suivantes : Limitation des enseignements sanctionnés par les examens, de façon que les étudiants ne
soient pas astreints à suivre chaque année plus de cours qu'aujourd'hui,
la mesure de quatre enseignements annuels paraissant être le *maxi-
mum* qu'on puisse exiger ; mais répartition des cours telle que
deux enseignements semestriels (40 à 45 leçons par semestre) soient
considérés comme l'équivalent d'un enseignement annuel ; — Unité
complète d'études en 1re et en 2e années ; en 3e année trois enseignements communs, mais liberté laissée aux étudiants de choisir, suivant

leurs goûts et leur vocation, en vue de l'épreuve dernière, deux enseignements semestriels parmi ceux qui seraient l'objet des autres cours de 3ᵉ année. Le grade unique conféré serait le grade de licencié en droit ; il constaterait, en effet, un fond commun de connaissances qui auraient la prédominance, et des études sérieuses sur quelques-unes des autres branches de la science juridique ou économique.

Pour arriver à ce résultat, la Faculté a dû se résigner à quelques retranchements. Ainsi, elle propose de réduire à un an et demi l'étude du droit romain ; en 1ʳᵉ année, un semestre seulement lui serait consacré, et, dans ce semestre, elle estime que l'enseignement devrait porter sur tout le droit des personnes, la propriété et les autres droits réels, les hérédités testamentaires et *ab intestat* ; il lui a semblé que certains détails, en ces matières, pouvaient être exclus de l'enseignement oral, sans grand inconvénient pour les étudiants et qu'à la suite de connaissances générales acquises sur cette première partie du droit romain, ceux-ci pourraient suivre avec fruit, en 2ᵉ année, un cours annuel, plus approfondi par conséquent, sur la partie capitale de ce droit, les obligations et les actions. Elle limite également à un semestre le cours d'histoire générale du droit français, maintenu en 1ʳᵉ année, qui doit, semble-t-il, s'arrêter à 1789, l'histoire postérieure faisant l'objet d'autres cours. Elle croit, enfin, pouvoir limiter également à un semestre le cours de droit international privé, qui conserverait sa place en 3ᵉ année comme cours à option. Elle y ajoute avec le même caractère et la même durée, le droit des gens, la science et la législation financières, la législation industrielle. On pourrait ajourner peut-être, au moins dans certaines facultés, les cours de législation et d'économie coloniales ; il n'est pas indispensable que tous ces établissements aient exactement les mêmes cours, en ce qui concerne les enseignements à option.

Il serait désirable que des cours spéciaux sur des matières diverses pussent être institués par le Ministre dans les Facultés qui en feraient la proposition ; ainsi, à Nancy, un des agrégés s'est spontanément chargé cette année d'un cours de droit naturel, branche du droit absolument délaissée dans les Facultés de l'Etat ; il y aurait une raison spéciale pour créer ce cours à titre définitif dans la Faculté de Nancy ; par sa situation, cette Faculté se trouve appelée à recevoir des étudiants luxembourgeois qui doivent suivre certains enseignements des Facultés étrangères et en justifier pour être admis à subir chez eux des examens professionnels ; beaucoup vont en Allemagne passer un ou plusieurs semestres en vue de suivre des cours de droit romain, et un cours de droit naturel qu'ils ne trouvent pas en France, sauf dans les Universités libres ; ils viennent ensuite chez nous étudier le droit français. Pourquoi ne pas les attirer plus complètement dans nos Facultés, en leur offrant toutes les ressources dont ils ont besoin ? Il y aurait donc lieu d'établir d'une manière permanente, à Nancy, un cours de droit naturel, et il semblerait rationnel de permettre aux étudiants de 3ᵉ année de comprendre ce cours dans leur option.

Pour compléter le tableau des propositions de la Faculté de Nancy, il faut ajouter qu'elle transporte en 1ʳᵉ année le cours d'économie politique, qui reste annuel.

Enfin, et c'est une des innovations les plus importantes, pour donner au droit constitutionnel et au droit administratif les développements qu'ils méritent, la Faculté propose de créer, en 2ᵉ année, un premier cours annuel qui comprendrait le droit constitutionnel et une partie du droit administratif, le surplus du droit administratif devant faire l'objet, en 3ᵉ année, d'un autre cours annuel fait par le même professeur.

Telles sont les grandes lignes de l'organisation qui a les préférences de la Faculté de Nancy. Il est aisé de se rendre compte qu'elle réalise non seulement l'unité de diplôme, mais l'unité d'études. Tous les principaux enseignements dont la circulaire propose la création y trouvent leur place ; notamment l'étude du droit public et administratif y est singulièrement développée pour tous les étudiants ; enfin ceux-ci peuvent acquérir, suivant leurs goûts, leurs aptitudes et leur vocation, des connaissances sérieuses sur diverses branches des sciences juridiques et économiques qui ne font pas actuellement partie du programme de la licence.

Ce projet serait parfaitement réalisable sans une notable augmentation de dépenses ; les professeurs chargés d'un cours semestriel pourraient donner un autre enseignement dans le 2ᵉ semestre ; ceux même qui ont un cours annuel pourraient se charger d'un cours complémentaire semestriel. Il suffirait, en somme, de pourvoir à la création d'un nouvel enseignement du droit constitutionnel et du droit administratif, le professeur devant suivre les mêmes élèves pendant deux années ; au besoin, un agrégé pourrait en être chargé ; il participerait en même temps au service des conférences.

En résumé, les conclusions de la Faculté de Nancy sont les suivantes :

1° La Faculté estime qu'il y a lieu d'adhérer au principe du projet ministériel, et, par suite, de donner une plus grande extension à l'enseignement du droit public et des diverses matières comprises sous le nom de sciences politiques et administratives.

2° La Faculté pense qu'il n'y a pas lieu, toutefois, de créer deux types d'études correspondant, le premier aux sciences juridiques, le second aux sciences politiques et administratives. Cette bifurcation entraînerait un affaiblissement des études, en réduisant l'importance des enseignements fondamentaux, qui forment la base d'une sérieuse éducation juridique ; elle rendrait impossible pour les étudiants du second groupe l'accès du doctorat ; il serait prématuré et dangereux de demander à des jeunes gens de 18 à 20 ans de se spécialiser dès le début de leurs études.

3° La Faculté demande, par suite, le maintien d'un diplôme unique de licencié, conféré à tous les étudiants, à la suite des mêmes épreuves, sous cette réserve, toutefois, qu'à la seconde partie de l'examen de 3e année, l'option serait laissée aux candidats entre plusieurs matières spéciales enseignées à la Faculté. Mais elle ne comprendrait pas, si la bifurcation était établie, que deux types d'études différents pussent conduire à un diplôme unique ayant la même valeur légale, quelle que soit la direction spéciale suivie par l'étudiant, et donnant également accès aux carrières judiciaires et aux carrières administratives.

4° La Faculté propose :

1) De conserver, tels qu'ils existent aujourd'hui, les cours de code civil, de droit commercial, d'organisation judiciaire et de procédure civile, de droit criminel, d'économie politique (en plaçant celui-ci en première année.)

2) De remplacer le cours de droit administratif (3e année) par deux

cours annuels de droit constitutionnel et droit administratif (2ᵉ et 3ᵉ années.)

3) De réduire à la durée de dix-huit mois le cours de droit romain (1ʳᵉ et 2ᵉ années).

Et à la durée de six mois le cours d'histoire générale du droit français et le cours de droit international privé.

4) De créer des cours semestriels de législation industrielle, de science et législation financières, et de droit des gens ou droit international public.

Des cours spéciaux sur d'autres matières (droit maritime, législation et économie coloniales, droit naturel, etc.) pourraient être institués par le Ministre dans les Facultés qui en feraient la proposition.

En conséquence, l'organisation des études de la licence en droit pourrait être réglée ainsi qu'il suit :

1ʳᵉ Année.

Code civil..	Cours annuel.
Droit criminel....................................	*Idem.*
Economie politique...............................	*Idem.*
Droit romain (famille, propriété, hérédités testamentaire et *ab intestat*)........................	Cours semestriel.
Histoire générale du droit français..............	*Idem.*

2ᵉ Année.

Code civil..	Cours annuel.
Droit romain (obligations et actions)............	*Idem.*
Organisation judiciaire et procédure civile.......	*Idem.*
Droit constitutionnel et droit administratif.......	*Idem.*

3ᵉ Année.

Code civil..	Cours annuel.
Droit commercial (avec le droit maritime).........	*Idem.*
Droit administratif...............................	*Idem.*

Cours semestriels entre lesquels l'option serait laissée aux étudiants :

> Droit international privé ;
> Législation industrielle ;
> Science et législation financières ;
> Droit des gens.

Il serait facile de mettre l'organisation des examens en rapport avec
ce programme d'études ; en maintenant la division actuelle en deux
parties, comportant chacune trois interrogations, on répartirait ainsi
les matières :

1re Année. — *1er Examen de baccalauréat.*

1re partie......
{ Droit romain.
Histoire du droit.
Économie politique.

2e partie......
{ Code civil.
Droit criminel.

2e Année. — *2e Examen de baccalauréat.*

1re partie......
{ Droit romain.
Code civil.

2e partie......
{ Procédure civile.
Droit constitutionnel et droit administratif.

3e Année. — *Examen de licence.*

1re partie......
{ Code civil.
Droit commercial.

2e partie......
{ Droit administratif.
Deux matières à choisir, au gré du candidat, entre
les matières des cours à option.

La Faculté s'est demandé s'il n'y avait pas lieu de proposer, en outre,
une organisation nouvelle des études et des épreuves du doctorat, et,
spécialement, d'examiner s'il conviendrait de maintenir un doctorat
unique où de créer deux doctorats, l'un en droit proprement dit, l'autre
ès sciences politiques et administratives. Mais il lui a semblé que cette
étude serait prématurée ; avant de statuer sur le doctorat, il faut évi-
demment savoir ce qui sera décidé pour la licence.

La Faculté émet enfin le vœu que les bacheliers ès sciences soient
admis, d'une façon générale, à prendre des inscriptions dans les

Facultés de droit, l'expérience ayant démontré qu'ils sont aptes à suivre les cours de droit et à acquérir le grade de licencié d'une manière satisfaisante. Comme le fait remarquer la circulaire, il est des étudiants en droit qui se destinent aux carrières commerciales ou industrielles, et qui, en raison de ces circonstances, ont, de préférence, suivi la voie qui conduit au baccalauréat ès sciences. Pourquoi leur refuser l'accès de nos facultés, et la possibilité d'obtenir le grade de licencié? Pourquoi aussi refuser cette dernière ressource à ces bacheliers ès sciences qui, après une préparation prolongée en vue de l'entrée dans nos grandes Écoles de l'État (polytechnique, Saint-Cyr, etc.) sont, pour des causes diverses, obligés de diriger leurs études d'un autre côté? Plusieurs cherchent à entrer dans des administrations publiques qui exigent des connaissances juridiques sérieuses. Pour quel motif leur interdire, en fait, d'obtenir un grade, qui suppose des études si bien appropriées à la carrière qu'ils veulent embrasser? La préparation des deux examens du baccalauréat ès lettres ne leur demanderait pas moins de deux à trois années d'études et entraînerait ainsi pour eux un retard très préjudiciable, et d'autant moins justifié qu'à raison de leur âge et de leurs travaux antérieurs ils sont parfaitement en situation de suivre avec fruit les cours des Facultés de droit.

Fait et délibéré à Nancy, le 16 mars 1889.

NANCY. — Imprimerie Nancéienne, 15, rue de la Pépinière. — Directeur : E. SYLVIN.

NANCY. — Imprimerie Nancéienne, 15, rue de la Pépinière.

www.ingramcontent.com/pod-product-compliance
Lightning Source LLC
LaVergne TN
LVHW021457060726
842527LV00006B/2290